sempre
em
frente

maggie smith

sempre em frente

reflexões sobre perdas,
mudanças e superações

Tradução: Júlio Andrade Filho

Diretor-presidente:
Jorge Yunes
Gerente editorial:
Luiza Del Monaco
Editor:
Ricardo Lelis
Assistente editorial:
Julia Tourinho
Preparação de texto:
Tulio Kawata
Revisão:
Sandra Kato
Coordenadora de arte:
Juliana Ida
Designer:
Valquíria Palma
Assistentes de arte:
Daniel Mascelani
Vitor Castrillo
Gerente de marketing:
Carolina Della Nina
Analista de marketing:
Michelle Henriques
Assistente de marketing:
Heila Lima

Título original: *Keep Moving*

© 2020 by Maggie Smith
© Companhia Editora Nacional, 2021

Todos os direitos reservados. Nenhuma parte desta obra pode ser reproduzida ou transmitida por qualquer forma ou meio eletrônico, inclusive fotocópia, gravação ou sistema de armazenagem e recuperação de informação sem o prévio e expresso consentimento da editora.

1ª edição – São Paulo

Projeto de miolo:
Oliver Munday

Projeto de capa:
Ohannah Estúdio

DADOS INTERNACIONAIS DE CATALOGAÇÃO NA PUBLICAÇÃO (CIP) DE ACORDO COM ISBD

S642s   Smith, Maggie

Sempre em frente / Maggie Smith ; traduzido por Júlio Andrade Filho. - São Paulo : Editora Nacional, 2021.
232 p. ; 14 cm x 21 cm.

Tradução de: Keep Moving
ISBN: 978-65-5881-043-8

1. Biografia. 2. Maggie Smith. I. Andrade Filho, Julio. II. Título.

CDD 920
CDU 929

2021-2494

Elaborado por Vagner Rodolfo da Silva - CRB-8/9410

Índice para catálogo sistemático:
1. Biografia 920
2. Biografia 920

NACIONAL

Rua Gomes de Carvalho, 1306 – 11º andar – Vila Olímpia
São Paulo – SP – 04547-005 – Brasil – Tel.: (11) 2799-7799
editoranacional.com.br – atendimento@grupoibep.com.br

PARA VOCÊ

SUMÁRIO

1. **REVISÃO**

   Um livro extenso — 10

   Emergência de beleza — 41

2. **RESILIÊNCIA**

   Depois do fogo — 75

   Emenda de ouro — 114

3. **TRANSFORMAÇÃO**

   O azul ocupa o espaço — 158

   Aninhados — 196

   Agradecimentos — 229

1

REVISÃO

UM LIVRO EXTENSO

Quando minha filha estava na segunda série, ela lutava contra a angústia na hora de dormir – em relação à morte em particular, mas também em relação ao futuro em geral. Eu a colocava na cama à noite e me deitava com ela no escuro, segurando sua mão, ouvindo o que ela queria dizer.

— Quando eu vou morrer? – perguntou um dia. – Você vai morrer antes de mim porque é mais velha?

O que eu poderia lhe responder? Que não existe nada garantido nesta vida? Mas ela tinha apenas oito anos. Então, afastei o cabelo de seu rosto e tentei encontrar as melhores palavras para acalmar sua mente.

— Sim, acho que vou morrer antes de você, mas não antes de ficar muito velha e você ser adulta.

As perguntas continuavam vindo: Será que vamos sentir falta uma da outra quando a gente morrer? E vamos pelo menos saber que estamos mortas? Quando isso vai acontecer? Será que vamos sentir que morremos?

— A vida é longa, é um livro extenso – disse a ela –, e você está apenas no primeiro capítulo. Quem quer estragar um livro preocupando-se o tempo todo como é que ele acaba? Quem quer saber como um livro vai acabar?

— É... isso seria chato – respondeu minha filha.

E, claro, ela estava certa.

A vida é um livro – extenso, se tivermos sorte – e o escrevemos à medida que avançamos. O final ainda não está escrito, porque está esperando que cheguemos lá. Eu sabia disso o tempo todo, logicamente, mas ainda não tinha sentido.

Achei que conhecia minha história.

Achei que aquilo que eu vivia era toda a história, mas descobri que era apenas um capítulo.

Depois de quase dezenove anos juntos, meu ex-marido e eu nos separamos. Quando meu casamento terminou – e, com ele, acabou a vida que eu conhecia –, o livro não chegou ao fim. De repente, havia tantas páginas em branco, tantos anos em branco pela frente, e que eu ainda teria que preencher... Houve dias, semanas, em que mal conseguia sair da cama, mal conseguia comer, mas sentia vontade de escrever. Se tudo ia desmoronar, disse a mim mesma, pelo menos eu poderia criar algo. Porque estava aprendendo a viver uma história diferente e precisava encontrar as palavras certas para descrever isso.

Eu me esforcei para escrever poemas durante esse período. Quando escrevo um poema, não começo com uma ideia e procuro a linguagem adequada para ele; eu começo com a linguagem e sigo para onde ela me leva. Mas agora eu tinha outras ideias com as quais trabalhar, tinha histórias para contar, e sabia que precisaria de um tipo diferente de escrita, um recipiente diferente para meus pensamentos.

Certa manhã, escrevi um objetivo para mim – apenas algumas frases – e postei nas redes sociais. No dia seguinte, escrevi outro. Desde então, tenho escrito uma nota para mim mesma todos os dias – uma afirmação, um incentivo, uma diretiva.

A pergunta que me fiz várias vezes nesses primeiros dias e semanas foi: "E agora?". E essa pergunta inspirou a última frase de cada objetivo e orientação que escrevi: SEMPRE EM FRENTE. Eu não tinha ideia do que aconteceria a seguir, como seria o próximo capítulo, mas eu tinha que chegar lá.

O fim de uma coisa é também o começo de outra. Qual é a próxima aventura? Há espaço suficiente nesta vida – com seus muitos finais, com seus muitos começos – para coisas que você nem imaginava na semana passada, no ano passado ou dez anos atrás.

SEMPRE EM FRENTE.

Pare de se esforçar
para manter a porta
do passado aberta, como
se sua velha vida
estivesse lá, esperando,
e você pudesse
simplesmente entrar
nela de novo. Pare de
desperdiçar suas forças,
porque você não pode
voltar atrás. Siga seu
caminho adiante.

SEMPRE EM FRENTE.

Escreva *respirar* em sua lista de tarefas. Escreva *piscar*. Escreva *sentar* e *comer*. Em seguida, risque tudo isso. Que satisfação! Valorize-se por viver.

SEMPRE EM FRENTE.

Lembre-se de quando colocou óculos pela primeira vez: de repente, as árvores tinham muitas folhas; a lua tinha bordas definidas. Tente ver as coisas através dessas lentes cristalinas – como as coisas são de verdade, e não turvas ou difusas pela dor ou pela raiva. Olhe ao seu redor e maravilhe-se.

SEMPRE EM FRENTE.

Pare de falar que seu coração está partido; seu coração funciona bem. Se você está sentindo emoções – amor, raiva, gratidão, tristeza –, é porque seu coração está fazendo seu trabalho. Deixe-o trabalhar.

SEMPRE EM FRENTE.

Concentre-se em quem você é e no que construiu, não em quem você planejou ser e no que esperava ter. Acredite que o momento presente – por mais difícil que seja, por mais diferente do que você um dia imaginou – tem algo a lhe ensinar.

SEMPRE EM FRENTE.

Revisar significa "olhar de novo", re-visualizar. Revisão sempre foi minha parte favorita da escrita. Eu sei que alguns escritores amam a agitação de uma nova ideia, o ímpeto de anotá-la, o período de lua de mel com uma história ou poema quando ainda está reluzindo com a novidade. Mas, para mim, a resolução de problemas é o que eu mais amo: o desafio representado pelas palavras erradas na ordem incorreta.

Quando reviso um texto, tenho a tendência de aparar e desbastar em vez de expandi-lo: quanto mais tempo passo com ele, menor ele fica, encolhendo e encolhendo enquanto tento ser a mais concisa possível. (Eu brinco que poderia revisar um poema até chegar a nada – *puf!* – se não tomar cuidado.) O que estou fazendo é condensando a observação, fortalecendo a articulação, sintetizando meu texto à sua forma mais concentrada. A versão final provavelmente será curta, mas será forte.

Enquanto trabalho, vou numerando os rascunhos – *um, dois, três* – e se eu chegar a *quinze, dezesseis, dezessete*, sei que algo deu errado. Às vezes, deixo o rascunho de lado por um dia, uma semana, um mês ou mais, e confio que o meu Eu Futuro saberá como lidar melhor com ele. O meu Eu Futuro então vai olhar para o poema e ter o estalo. O Eu Futuro lerá o poema novamente, analisando aquela parte que não está funcionando ou enxergará o potencial que não estava visível antes.

Uma coisa que aprendi sobre revisão é que, às vezes, preciso recuar para seguir em frente. Às vezes, preciso retornar a essas versões anteriores – *um, dois, três* – para encontrar a centelha que me levou até lá no começo. O que posso conseguir dessas primeiras versões? Que chama, tão necessária, posso restaurar para a versão atual?

Acredito na importância da revisão, mas aqui está algo em que acredito com a mesma veemência: se você não for cuidadoso, pode acabar eliminando toda a vida de um escrito. Se não tomar cuidado, pode acabar eliminando toda a estranheza e loucura. Isso pode parecer-lhe incoerente, mas você pode polir tanto que tirará toda a graça do texto.

O mesmo se aplica à nossa vida. Se não tomarmos cuidado, podemos revisar demais, até chegar ao ponto de extrair a "vida" dela... Iremos limpar tanto que nossa vida ficará maçante.

Revise a história que você conta a si mesmo sobre recomeçar. Avalie não apenas o quanto essa mudança pode ser aterrorizante, mas também o quanto pode ser estimulante. Considere esse momento como uma oportunidade de criar uma vida nova e melhor.

SEMPRE EM FRENTE.

Aceite que, embora você anseie por uma resolução – um final, e que seja um final feliz –, não é bem assim que a vida funciona. O arco da história que você aprendeu não se aplica mais, então pare de tentar mapear os eventos de sua vida. Apenas observe, ouça, aprenda.

SEMPRE EM FRENTE.

Deixe de lado a tristeza pela vida que você um dia pretendeu ter, mas não terá; a tristeza estará lá quando você estiver pronto para voltar a ela. Agora, concentre sua mente na vida que você pretende ter. Comprometa-se com o presente.

SEMPRE EM FRENTE.

Pare de ficar olhando pelo espelho retrovisor. Mantenha seus olhos na estrada à frente. Veja a paisagem rolar como se fosse um filme e não perca um instante dele.

SEMPRE EM FRENTE.

Considere tudo ao que você sobreviveu – incluindo a vida que pensou que teria. Você é durável, adaptável, resiliente; estar aqui já é um triunfo. Hora após hora, prove que a sua voz interna está errada – aquela que diz que você não consegue fazer isso. Faça.

SEMPRE EM FRENTE.

Você precisa do hoje porque há mais – porque o ontem não foi suficiente. Acredite que há mais para ver, sentir e fazer – e tente o seu melhor para ver, sentir e fazer.

SEMPRE EM FRENTE.

Quando penso em revisar minha vida, pretendo aprender a vê-la de forma nova, e a ver nela possibilidades que antes não enxergava.

Por quase toda minha vida adulta até este ponto, eu contei minha história na primeira pessoa do plural: *nós*. Agora, esse *nós* é um *eu*. Agora, o único plural que existe é possessivo: *nossos* filhos. (E, no entanto, é claro, os filhos não são *nossos*. Não somos donos dos filhos mais do que nós próprios somos donos uns dos outros – ou seja, esqueça essa história de *ser dono*.) Mas eu sei de uma coisa com certeza: nossas histórias nos pertencem. Eu sou a protagonista da minha própria vida, ou, caramba, pelo menos deveria ser, e você é o protagonista da sua. Esteja você no primeiro rascunho de sua vida, ou no segundo, ou no décimo, esta é a sua vida, para continuar escrevendo-a. Com toda a sua bagunça, fragilidade e terror, esta é a sua vida... e ela tem beleza.

Comecei a escrever uma meta para mim a cada dia, mesmo quando estava me debatendo para lidar com os problemas e sentir otimismo parecia menos do que natural. O que me manteve ativa foi a ideia de que esperança gera esperança, e que praticar esperança e coragem diariamente pode me ajudar a chegar a um lugar melhor.

Sim, existe um elemento de *finja até conseguir* no fato de ter esperança em um momento de crise. Mas, por que não? Talvez, quando provarmos a esperança para ver se funciona, pode ser que não dê certo no início – pode ficar como aquelas roupas de um tamanho maior, sobrando nas mangas –, mas, se a continuarmos usando, vamos crescer com ela.

Descobri hoje que a esperança se encaixa melhor em mim agora do que há um ano. Está se adaptando melhor o tempo todo. Estou crescendo nessa vestimenta, e ela está se tornando uma segunda pele. Isto é uma espécie de revisão.

O que você faz *religiosamente* – não apenas com frequência, mas com grande amor e fé? Escrever, pintar, correr, ser voluntário em alguma obra social? Faça uma dessas coisas hoje; faça algo religiosamente.

SEMPRE EM FRENTE.

O que você merece não é a dor, mas a paz – paz em qualquer forma que ela assumir. Se a sua paz for pequena e quebradiça, leve-a junto de você, sussurre para ela de vez em quando, alimente-a até que cresça e possa se divertir, só que, então, será ela que vai carregar você.

SEMPRE EM FRENTE.

Pense no tempo geológico: como os menores deslocamentos, imperceptíveis no dia a dia, esculpem desfiladeiros e criam montanhas. Acredite que você está progredindo, mesmo que ainda não consiga ver.

SEMPRE EM FRENTE.

Aceite que você é uma obra em andamento, tanto uma revisão quanto um rascunho: você é melhor e mais completo do que as versões anteriores de si mesmo, mas também tem trabalho a fazer. Esteja aberto para mudanças. Permita-se ser revisado.

SEMPRE EM FRENTE.

Tudo o que você precisa fazer hoje é viver o melhor que puder. Mesmo que neste momento difícil o seu melhor não pareça ser suficiente, acredite, é o suficiente. E saiba que o seu melhor, amanhã, irá superar o de hoje: isso é se curar.

SEMPRE EM FRENTE.

Imagine o que pode estar esperando por você do outro lado desta floresta escura. Imagine a clareira, imagine o sol.

SEMPRE EM FRENTE.

Diante de tantas páginas em branco – todos os dias, meses e anos em branco –, estou aprendendo a escrever meu próximo rascunho na primeira pessoa do singular. Estou revisando meu *modo de pensar* sobre as perdas. Parte do trabalho consiste em me fazer perguntas difíceis:

Quem você queria ser antes?

O que você sacrificou, comprometeu ou deixou para trás ao longo do caminho?

O que você pode salvar desse seu esboço anterior?

Que centelha você poderá encontrar?

Como você pode recuperar essa centelha para sua vida atual?

Para a história que você está vivendo agora?

Nossas vidas podem não se desenrolar da maneira que esperávamos ou desejávamos, mas a alternativa – ir até o final do livro, conhecer o final antes de chegarmos lá – não é apenas impossível, e sim triste, deprimente. Seria algo tão reduzido que se tornaria maçante. Como minha filha disse, em sua sabedoria de oito anos de idade: "Isso seria chato".

Revisar nossas histórias – as nossas vidas – não é uma tarefa fácil. Nossas histórias podem ter reviravoltas estranhas. Podemos acabar descobrindo que uma parte é um mistério, outra parte um romance, outra parte uma comédia, outra uma tragédia e até uma história de fantasmas. Não sabemos o que vai acontecer a seguir ou como isso vai terminar. Mas continuamos sempre em frente.

A esperança é imaginativa: permite que você visualize o que pode estar à sua frente, mesmo quando não vê nada. Tenha esperança. Imagine como é o seu caminho adiante.

SEMPRE EM FRENTE.

Pare de esperar o pior: as coisas podem tanto dar errado como podem dar certo. Pense no otimismo como uma forma de se sentar ao sol agora, independentemente de como estará o tempo amanhã, ou na próxima semana.

SEMPRE EM FRENTE.

Talvez exista uma pequena voz interior que diga que você não é forte o suficiente para lidar com o que a vida lhe deixou. Essa voz está mentindo. Prove hoje que ela está errada – depois repita, repita, repita.

SEMPRE EM FRENTE.

Prepare-se para se sentir desconfortável quando estiver se transformando. Se quiser ter sucesso em uma nova vida, você também terá que mudar. Pode parecer que está respirando um ar diferente, mas confie que você pode se adaptar. Continue.

SEMPRE EM FRENTE.

Aceite que você pode ter que se partir em pedaços no caminho para se tornar completo, por mais contraditório que isso pareça. Pense nisso como sendo uma remontagem. Você não será o mesmo de antes, não ficará sem cicatrizes, mas será alguém muito melhor.

SEMPRE EM FRENTE.

Pare de pensar na mudança como a interrupção de uma história; a história vai sempre mudar, e muitas vezes. Ficar sempre como está nunca foi uma coisa garantida. Na verdade, apenas a mudança é garantida. Espere novas mudanças hoje, e muitas outras de agora em diante.

SEMPRE EM FRENTE.

EMERGÊNCIA DE BELEZA

Certa manhã, olhei pela janela do banheiro e não pude acreditar no céu com que me deparei – magenta com faixas azuladas e roxas. Gritei para as crianças: "Depressa, vão olhar lá atrás!".

Meu filho, que estava lá embaixo, foi direto para a porta dos fundos para ver o nascer do sol. Mas minha filha entrou correndo no banheiro do andar de cima.

— Aconteceu alguma coisa, mãe?

— Não tem nada de errado, não, é só uma emergência de beleza. Olhe para aquele céu!

Por ser minha filha, ela sabe o que é uma emergência de beleza: uma daquelas coisas que você tem que olhar agora, antes que desapareça.

E foi isso mesmo: olhei pela janela apenas alguns minutos depois e o céu estava de volta ao normal, como se aquela pintura mágica nunca tivesse sido feita. Mas nós tínhamos visto. Sabíamos que a beleza havia existido.

Quando meu ex-marido se mudou de nossa casa, já era final do outono. Isso parecia bastante adequado. O ar cheirava a fumaça e todas as árvores verdes estavam enferrujando. Lembro-me de voltar para casa certa manhã, depois de deixar as crianças na escola, olhando as folhas – vermelhas, laranjas, amarelas, roxas quase pretas – e deixando essa sensação me penetrar: *toda essa cor veio da decadência.*

Isso me fez lembrar de uma música gravada pelos Byrds, originalmente escrita por Pete Seeger – "Turn! Turn! Turn!" ["Mude! Mude! Mude!"]. Quase todas as palavras da letra foram retiradas literalmente do Eclesiastes: "Para tudo há um tempo". Mas o "turn, turn, turn" era tudo criação de Seeger. Essa ideia é familiar, quer você a tenha aprendido pela primeira vez na Bíblia ou ouvindo a música no rádio: tudo tem seu tempo. Há um tempo de declínio e um tempo de crescimento. Mas não podemos mudar a estação; não podemos pular diretamente para a cura só porque estamos cansados de sofrer, ou porque ela está demorando muito para chegar. Eu me imaginei deixando uma folha cair. Depois outra e mais outra. E imaginei aquelas folhas secas amontoadas nos quintais, entupindo os ralos. Então, me imaginei juntando as folhas secas em montinhos e deixando as crianças pularem nelas. A imagem ajudou-me nessa estação, dia a dia, folha a folha. Mude, mude, mude.

Mudar só uma coisa pode mudar tudo. Deixe mais luz entrar em sua vida, permitindo mais luz neste dia. Em seguida, repita, repita, repita.

SEMPRE EM FRENTE.

Aprenda com
o presente.
Aprenda a fazer isso
agora mesmo.
Deixe que o presente
lhe ensine.
Escute-o e observe-o.
Confie que lhe mostre
como permanecer
dentro dele, mesmo
com o passar
do tempo.

SEMPRE EM FRENTE.

Pare de retroceder e dar *replay* do passado em sua mente. Viva aqui, agora. Dê ao presente a dádiva de sua total atenção.

SEMPRE EM FRENTE.

Acredite que tudo ficará bem, mas isso não significa que tudo será restaurado. Comece a se sentir em casa na sua vida como ela é hoje. Olhe ao redor e olhe para a frente.

SEMPRE EM FRENTE.

Você não está traindo sua dor ao sentir alegria. Você não está sendo avaliado e não recebe uma nota maior por ser infeliz o tempo todo. Encontre bolsões de alívio, até mesmo de felicidade, quando e onde puder.

SEMPRE EM FRENTE.

Mesmo que muitas coisas pareçam estar em pedaços, confie na sua integridade. Aceite que você não pode ter certeza de tudo, mas esteja seguro sobre si mesmo.

SEMPRE EM FRENTE.

N aquele outono, meu ex-marido e eu decidimos dissolver nosso casamento. Agora, quando leio ou ouço —— alguém dizer a palavra *dissolver*, vejo meu casamento como uma pastilha efervescente no fundo de um copo, obscurecida por uma profusão de bolhas. Era menor do que antes, depois menor e menor. E agora a pastilha se foi – ou ainda está lá, mas invisível. Dá cor à água no copo. Se você pesquisar *dissolução*, encontrará uma definição técnica: "1. Ato ou efeito de dissolver. 2. Decomposição de um corpo sólido (pela desagregação das suas moléculas)". Você encontrará sinônimos que sugerem um desaparecimento: *dissolução, liquefação, fusão, desintegração, decomposição, ruptura*. E certamente aprenderá mais do que gostaria sobre química, sobre moléculas, sobre solventes e solutos. Você também encontrará a definição formal: "morte".

Parece mesmo uma morte – a efervescência de tanta coisa que eu pensei ser sólida, inefável.

A magia se foi, o céu ficou acinzentado, as árvores ficaram nuas. Pareceu-me estranho que o sol ainda chegasse e partisse todos os dias, como se nada tivesse acontecido. Era muito fácil acreditar que nossa vida nunca foi bela, que nunca fomos felizes. Mas tinha sido uma vida linda, uma bela temporada. Eu me lembro.

Naquele ano, o outono veio e passou, o inverno veio e passou. Um novo ano começou, e a primavera apareceu na hora certa, espalhando suas violetas pelo gramado e enganando os narcisos e magnólias, para que se abrissem mais cedo. O presente parecia estar me repreendendo – *Não estou esperando por você. Venha agora.* Eu sabia que não poderia ficar para trás. O passado não é um lugar onde possamos viver. Ele se dissolve atrás de nós.

Foi durante aqueles meses verdes e exuberantes de primavera – emergências de beleza em todos os lugares – que a dor começou a diminuir, pouco a pouco. Comecei a imaginar uma nova vida para mim – não sabia como seria, mas finalmente comecei a acreditar que era possível. Era primavera no mundo, e eu tinha que aprender a confiar que estava sendo renovada de maneiras que ainda não conseguia perceber. Imaginei as sementes e os bulbos dormindo na terra, esperando chegar sua vez na luz e no ar.

Confie que você
tem os materiais
de que precisa
para construir e
fazer as mudanças
necessárias em
sua vida: coragem,
inteligência,
empatia, imaginação.
Acredite que você é
capaz e está pronto.
Comece a trabalhar
de alguma forma,
hoje mesmo.

SEMPRE EM FRENTE.

Tudo é temporário. Você não consegue agarrar para sempre aquilo que ama ou o que o magoou. Afrouxe seu controle sobre sua dor hoje, mesmo que seja apenas um pouco.

SEMPRE EM FRENTE.

Para cada preocupação ou mágoa que atormenta sua mente, pense em uma coisa pela qual você é grato, por menor que seja. Uma por uma, preencha sua mente com isso. Deixe-as afastar a preocupação e a dor.

SEMPRE EM FRENTE.

Não ignore aquilo que dói.
Mesmo quando você
sente que a ferida está
começando a cicatrizar,
ela pode permanecer com
você indefinidamente,
como um membro-
-fantasma. Esse fantasma
é um professor; aprenda
com ele tudo o que puder.

SEMPRE EM FRENTE.

O que quer que tenha ido, você sobreviveu. Chore o "vazio", mas celebre o fato de que sobreviveu e resistiu a isso. Esteja aqui.

SEMPRE EM FRENTE.

Neste momento, certifique-se de pelo menos uma coisa – que você é amado e digno de amor. Segure firmemente o que você sabe ser real, verdadeiro e bom sobre quem você é. Esteja seguro de si mesmo.

SEMPRE EM FRENTE.

O luto por uma pessoa viva é diferente de prantear os mortos. Uma mulher cujo marido morre torna-se viúva. Mas não há palavra para definir o luto por uma pessoa que se foi e que ainda esteja viva – um filho, um parceiro, um membro distante da família ou um amigo querido. Não há nome para o que você é quando uma parte de sua vida, e de sua identidade, morre, mas você continua vivendo. Não há nome para o que você é quando sobrevive à vida que esperava ter e se encontra em uma espécie de vida após a morte.

Quando a minha avó morreu, lembro-me de uma sensação de erosão – dissolução. Ela já tinha sido diagnosticada com a doença de Alzheimer quando meu ex-marido e eu nos conhecemos, mas então a notícia piorou: câncer. Ela não viveu para ver nosso noivado ou nosso casamento. Não conseguiu ouvir nossos votos, que tínhamos escrito na varanda de um apartamento que alugamos na avenida Arcádia. Lembro-me de um desses votos em particular: *amarei sua família como se fosse minha.*

Minha avó se foi há tantos anos quanto meu ex-marido e eu ficamos juntos. Logo ela terá partido há vinte anos, mais do que o tempo que fiquei casada. A distância da morte dela continuará aumentando, cada vez mais, mas sempre haverá duas datas para nosso casamento, como se estivesse gravado em uma lápide: o dia em que começou e o dia em que terminou.

Rhett, meu segundo filho, nasceu em 18 de outubro de 2012, doze anos depois da morte de minha avó. Não é coincidência; marquei a cesárea para aquela manhã. Em minha família, 18 de outubro é um dia colorido – vermelho, laranja, amarelo, roxo quase preto – e um dia de decomposição. Um aniversário de nascimento e um dia de morte.

Aceite que às vezes a desmontagem de algo precisa acontecer antes que você possa construir. Ao olhar para a confusão das peças e partes da vida ao seu redor, confie que os materiais de que você precisa estão lá. Comece a classificar. O que pode ir? O que deve ficar? Como você os usará? Comece agora.

SEMPRE EM FRENTE.

Em vez de se debater
contra cada obstáculo,
crie um caminho
inteiramente novo.
Mantenha a mente
aberta: até o rumo
pode mudar.

SEMPRE EM FRENTE.

Dê a volta por cima. Limpe a poeira. Lembre-se de que você está jogando um jogo demorado e acredite que, com o tempo, os dias bons serão mais numerosos que os ruins. Faça o que puder para tornar o dia de hoje melhor do que o de ontem.

SEMPRE EM FRENTE.

Você não pode voltar.
Você não tem opção a
não ser seguir em frente,
mas pode escolher como
chegar lá. Caminhe, não
rasteje, em direção à sua
nova vida – sua próxima
vida. Conduza-se com
toda a coragem que
puder reunir.

SEMPRE EM FRENTE.

Não espere que sua vida reúna as peças magicamente – é o seu trabalho fazer isso. A cada dia, a cada momento, você está construindo sua vida do zero. Hoje, dê um passo, por menor que seja, para criar uma vida da qual possa se orgulhar.

SEMPRE EM FRENTE.

Lembre-se de que o luto não fica melhor a cada dia de uma forma previsível. O tempo não tira uma pedra da pilha todos os dias até que a pilha desapareça. Seja paciente. Espere o inesperado.

SEMPRE EM FRENTE.

Quando o presente me cutuca, *Venha agora,* escrevo como uma forma de acompanhá-lo. Escrevo como uma forma de criar a primavera, independentemente da estação do coração – ou do mundo. Tento abordar cada página, a cada dia, com a empolgação de um iniciante. Meus filhos inspiram muitos dos meus poemas precisamente porque são iniciantes no mundo, curiosos e entusiasmados com o que vivenciam. Quando passeamos juntos, eles me trazem de volta ao momento presente: *Mãe, olha! Depressa, olhe!*

Eu olho, e olho *agora,* porque posso perder a flor se abrindo, ou os esquilos perseguindo uns aos outros na copa das árvores, ou uma espécie de flor silvestre que se parece com a cara de um leão. Além do mais, posso perder aquele olhar fugaz de admiração no rosto dos meus filhos.

Posso perder a estação em que estou.

Cada estação tem seus presentes. Mas o que a estação mais difícil da minha vida deu para mim? Acima de tudo, a crença em minha própria capacidade, não apenas de voltar, depois de um longo inverno, mas de ficar mais forte, mais viva. A crença de que a mudança torna tudo possível. Crença na minha própria primavera. Enquanto isso, graças às árvores nuas, posso ver mais do céu. É uma emergência de beleza – todo aquele azul entre os galhos secos.

Não deixe a sua perda drenar a cor de tudo. Abra seus olhos para o brilho ao seu redor: ele ainda está aqui.

SEMPRE EM FRENTE.

Você pode pensar no passado, projetando sua mente para trás, ou pensar no futuro, projetando sua mente para a frente, mas você vive aqui, no presente. Mantenha sua mente aqui o melhor que puder... hoje.

SEMPRE EM FRENTE.

Jogue fora o que você pensa que sabe. Jogue fora o esquema antigo de algo que não será mais construído. Em vez disso, repense esse espaço. Agora, ele pode ser qualquer coisa: o que será?

SEMPRE EM FRENTE.

Feche a lacuna entre você e seu espírito – a pessoa que você sabe que pode ser. Deixe que suas escolhas reflitam a pessoa que você deseja se tornar, não apenas a pessoa que você pensa que é.

SEMPRE EM FRENTE.

Aceite que o que o está perseguindo não vai parar ou desistir. Você vai ter que se virar e encarar isso de frente. Mantenha seus pés firmemente no chão. Queixo para cima. Olhe fixamente e siga em frente.

SEMPRE EM FRENTE.

> Comece hoje – e cada novo
> dia – com entusiasmo.
> Chegue com o espírito de
> *Sim, por favor. Absorva.*
> *Sim, por favor. Mais, por favor.*
>
> **SEMPRE EM FRENTE.**

2

RESILIÊNCIA

DEPOIS DO FOGO

Uma das minhas palavras favoritas é *serotinoso*. A palavra soa muito mais sexy do que sua definição: "as sementes permanecem dormentes na resina até um evento externo ocorrer". As pinhas serotinosas são espessas e fortes, com as sementes coladas durante anos por uma camada de resina. Para se abrir, os cones precisam de fogo – chamas quentes o suficiente para derreter a resina e liberar as sementes, que caem no chão da floresta ou são carregadas pelo vento para se tornarem novas árvores.

Eu não sou dendrologista (dendrologia é o ramo da botânica que estuda as plantas lenhosas, principalmente árvores e arbustos, e as suas madeiras) ou qualquer tipo de *ista*. Nunca trabalhei como guarda-florestal ou bombeira. Nada disso, eu aprendi a palavra *serotinosa* por ser uma mãe que assiste a documentários sobre a natureza com seus filhos – aliás, minhas crianças, mesmo em tenra idade, preferem muito mais a voz distinta de David Attenborough do que a de outros narradores. Uma tarde, sentamos juntos no sofá e assistimos a um filme sobre a vida selvagem do Oeste americano. Fiquei paralisada quando o fogo varreu as árvores como se fosse um vento forte.

E os cones do pinheiro, tendo esperado por tanto tempo pelo toque do fogo, se abriram.

Não é seu trabalho
deixar as outras pessoas
confortáveis com quem
você é. Desconfie
daqueles que não
querem que você mude,
ou cresça. Cresça de
qualquer maneira – não
há alternativa.

SEMPRE EM FRENTE.

Não se deixe levar pelo medo; o medo não vai guiá-lo para fora da escuridão. Encontre todos os pedacinhos de esperança que puder – um rastro até mesmo das menores migalhas de pão, até mesmo dos menores seixos refletindo o luar – e siga-os.

SEMPRE EM FRENTE.

Deixe a vida ser um pouco desorganizada agora. Deixe que seja bagunçada e improvisada, suas partes mantidas juntas com clipes e fita adesiva. Deixe que não seja toda perfeitinha – e saiba que, por enquanto, está tudo bem assim.

SEMPRE EM FRENTE.

Quando a vida segurou
sua mão nas chamas, ela
lhe ensinou algo sobre
o tipo de queimadura
que você pode suportar.
Você sobreviveu: não
se esqueça disso, e não
deprecie isso.

SEMPRE EM FRENTE.

Agradeça por suas feridas, por mais estranho que isso pareça; o jeito como você foi ferido e o jeito como vacilou o tornam útil para outras pessoas. Empatia é uma espécie de companheirismo; seja grato, porque suas feridas tornaram possível essa união.

SEMPRE EM FRENTE.

Lute contra o desejo de desistir, de se dobrar sobre si mesmo, como se sua dor fosse contagiosa e pudesse infectar outra pessoa. Estamos aqui para cuidar uns dos outros; o cuidado é que é contagioso, passando de pessoa para pessoa. Portanto, cuide-se – e cuide.

SEMPRE EM FRENTE.

Como qualquer pessoa da minha família pode confirmar, não fui uma criança muito corajosa. Eu tinha medo de altura, medo de escuro, mas também medo de falar as coisas erradas, de vestir as roupas erradas, de gostar das coisas erradas. Nunca fui alguém com facilidade para se conectar. Eu não queria fazer nada a menos que meu sucesso fosse garantido.

Por isso, eu era a criança que se recusava a andar nas montanhas-russas do parque de diversões, então passava todas as férias sentada em um banco com uma pequena caixa de caramelos, esperando que minhas irmãs e meus pais voltassem sem fôlego de brinquedos chamados Queda Demoníaca e Saca-Rolhas e Magnum. No máximo, andava em brinquedos mais tranquilos, tipo Aranha, tinha o Troika. Era um daqueles brinquedos giratórios com muitos braços que subiam mas nunca ficavam muito longe do chão. Eu amava.

Meus pais brincavam que minhas irmãs mais novas estariam dispostas a andar na Magnum, a montanha-russa mais alta e íngreme na época, e depois de escurecer. Elas não estavam com medo.

Mas eu? Lembro-me de uma delas dizendo: "A Maggie vai passear na Troika... quando anoitecer".

Ainda é uma piada corrente na minha família – "a Troika ao anoitecer" –, uma frase que é um resumo do tipo de criança que eu era. "A Troika ao anoitecer" seria um bom slogan para o meu nível de coragem, não apenas durante a minha infância, mas também na idade adulta.

Mesmo na casa dos vinte anos, eu tinha medo de pedir uma pizza ou de fazer reservas para o jantar pelo telefone. Eu temia depositar um cheque no banco ou pegar remédios na farmácia. Eu inventaria qualquer desculpa para não falar com estranhos, muitas vezes contando com meu então namorado – agora ex-marido – para lidar com o senhorio, o encanador, a empresa de TV a cabo. Eu estava tão nervosa ao andar de ônibus pela primeira vez, na pós-graduação, que ele me levou para fazer um ensaio. Lembro-me de segui-lo escada acima depois que as portas do ônibus se abriram e de ter aprendido como colocar o dinheiro e pegar uma passagem. Sentamos perto da parte de trás e ele apontou o cabo amarelo para puxar quando meu ponto se aproximasse.

Durante a maior parte da minha vida, odiei surpresas. Minha mãe diz que, mesmo na pré-escola, eu me recusava a entrar no carro a menos que ela me dissesse para onde íamos. Ela teria que sussurrar a localização para mim para não estragar a surpresa para minhas irmãs. Pensava na mudança como uma interrupção na minha vida, um desvio de curso e, portanto, quando os incêndios da vida se espalharam, senti não apenas tristeza, mas terror. Tive que ficar firme e assistir à vida que conhecia se queimar, e torcer para que alguma coisa ainda pudesse ser salva.

SEMPRE EM FRENTE

Diga a si mesmo verdades
mais gentis. Você não
está falhando na vida;
você está cambaleando,
com certeza, mas está
conseguindo sobreviver.

SEMPRE EM FRENTE.

Tudo o que você precisa fazer hoje é viver o melhor que puder. Mesmo que o seu melhor não pareça muita coisa agora, vai melhorar a cada dia que passa. Acredite que um dia você olhará para trás e perceberá que sobreviveu, um dia de cada vez.

SEMPRE EM FRENTE.

Elogie as raízes da planta – que a deixa firme e permite que ela cresça – e não apenas a flor. Sem um trabalho silencioso e invisível acontecendo no escuro, nada se abriria na luz. Floresça e seja grato por poder florescer.

SEMPRE EM FRENTE.

Esqueça o que você aprendeu sobre a escassez; ela não se aplica a coisas intangíveis. Quando alguém triunfa ou encontra alegria, não está pegando o que seria seu – está apenas aproveitando mais aquilo que todos nós temos. Há mais do que o suficiente.

SEMPRE EM FRENTE.

Existe uma linha
tênue entre
autoproteção e
autossabotagem.
Não negue amor aos
outros só porque
alguém o negou a
você. Seja generoso.
De alguma forma,
hoje, procure dar seu
coração e seu tempo.

SEMPRE EM FRENTE.

Priorize sua própria felicidade, segurança e bem-estar. Você não pode cuidar de ninguém a menos que cuide de si mesmo. Coloque a máscara de oxigênio primeiro em você.

SEMPRE EM FRENTE.

Felizmente, quando um incêndio de verdade se aproxima – selvagem e voraz, mostrando os dentes –, a floresta não treme de medo. As árvores não se protegem contra o calor escaldante nem se culpam por estarem no caminho do fogo. Mas, quando nós nos encontramos no meio de outro tipo de fogo, muitas vezes sentimos vergonha. A voz interior diz: *Se você merecesse coisas boas, você as teria recebido.* A voz diz: *Você deve ser um monstro se alguém está disposto a colocar a si mesmo e sua família nesse inferno só para fugir de você.* Diz ainda: *Você deveria saber, deveria ter previsto isso.* Diz: *Você mereceu. Você é indigno de amor, felicidade, sucesso.*

Mas essa voz mente. Essa voz é um incêndio por si só.

Lembro-me de levar meu filho da pré-escola para casa uma tarde, quando ele tinha cerca de quatro anos. Eu perguntei como fora seu dia, e ele disse algo sobre se sentir "envergonhado" por causa de alguma coisa que tinha acontecido naquele dia. Meu instinto inicial foi: *é isso mesmo que ele quer dizer?* Então perguntei – fiz um teste – "O que significa *envergonhado*?".

"Significa *medo*", respondeu ele.

Eu tive que ficar com isso por um minuto, virando da rodovia para o nosso bairro, porque sim, é claro, ele estava certo. O que é o constrangimento, o que é a vergonha, senão um parente do medo? Você foi visto – foi pego – por ser imperfeito. Meu filho de quatro anos me ensinou algo sobre o medo, naquele dia. E quando alguém lhe ensina algo sobre o medo, também lhe ensina algo sobre coragem.

Passe algum tempo – ou converse – com alguém que o ama exatamente como você é. Veja-se através dos olhos dele. A partir desse dia, comprometa-se a se tornar alguém que o ama exatamente como você é.

SEMPRE EM FRENTE.

Cada pessoa que você encontra tem uma dificuldade, uma ferida escondida, alguma coisa que ela carrega e que a machuca. Seja gentil – talvez algo que você faça ou diga hoje seja o remédio de que ela precisa.

SEMPRE EM FRENTE.

Não se detenha no muro
que aparece diante de
você. Faça uma porta.
Faça uma porta que seja
ampla não só para você,
mas para os outros.

SEMPRE EM FRENTE.

Pergunte a si mesmo sobre o tipo de vida que você deseja. O que faria no dia a dia, com quem e onde? Considere então a vida que você leva. Faça alguma coisa hoje, por menor que seja, para fechar a lacuna entre a vida desejada e a atual.

SEMPRE EM FRENTE.

Seja corajoso o suficiente para pedir ajuda quando precisar. Não existe nenhum mérito em fazer sozinho todas as coisas difíceis. Estenda a mão.

SEMPRE EM FRENTE.

Não basta "pensar positivo"; você tem que "fazer o positivo". Transfira sua esperança da teoria para a prática. Faça algo hoje, por menor que seja, para iluminar sua vida. Ou dirija sua luz sobre outra pessoa – a luz alcançará você também.

SEMPRE EM FRENTE.

Quando penso na criança que fui – com medo da mudança, com medo até da possibilidade de fracassar –, quero ser a mãe dela. Quero convencê-la a tentar e continuar tentando, independentemente do resultado. Quando penso na jovem que fui – ainda tão tímida e insegura, infeliz apesar de sua bela vida –, quero voltar, agarrá-la pelos ombros e sacudi-la para acordá-la.

Quando uma floresta queima, as árvores não têm escolha a não ser resistir e suportar as queimaduras. Ao contrário dos coelhos, veados ou falcões, elas não podem sair correndo ou voar para longe. Mas algumas árvores se adaptaram não apenas para sobreviver, mas também para florescer em meio ao fogo: são várias espécies de pinheiro. Essas árvores precisam do fogo. Elas são mais fortes e em maior número por terem passado muito tempo nas chamas.

Não tenho a menor ideia de como serão os próximos vinte anos da minha vida, apenas sei que eles não vão se parecer com meus últimos vinte anos. *Essa* floresta se queimou. E outra vez. E outra vez! E eu *ainda* estou aqui.

Não é incomum peneirar
as cinzas e
encontrar uma foto sem queimar

Nikki Giovanni

Pense na tristeza, na raiva e na preocupação como sendo tijolos ou tábuas de madeira. Pare de encarar os materiais, meio acreditando que foram entregues a você por engano, meio esperando que um caminhão os leve embora. Aceite que esses materiais são seus agora. Comece a construir.

SEMPRE EM FRENTE.

Tudo já foi dito, sentido e feito antes – mas não por você. Você é o único que pode criar sua arte, que pode amar do seu jeito único. Então faça isso.

SEMPRE EM FRENTE.

Talvez você não saiba
que tipo de trabalho
deveria estar fazendo no
mundo. Talvez ache que
todo mundo já descobriu.
(Não descobriu, não.)
Seu trabalho é ser você
mesmo, oferecendo aos
outros o que puder dar.
Você tem feito isso o
tempo todo, sem o saber.
Agora faça isso por
sua vontade.

SEMPRE EM FRENTE.

Pense na lua, em como ela parece solitária, e saiba que isso é apenas uma ilusão de perspectiva: a lua não está sozinha, nem você. Lembre-se de como o seu universo é vasto e repleto de estrelas e de como ele continua a se expandir. Brilhe.

SEMPRE EM FRENTE.

O amor não é algo
que você obtém em
troca de algo. O amor
é uma dádiva, como
a poesia. Dê e receba
graciosamente. Afaste-se
daqueles que o retêm.

SEMPRE EM FRENTE.

Aceite que você não pode escolher quem o ama, quem cumpre suas promessas, quem perdoa. Mas você pode escolher amar, manter suas promessas, perdoar. Escolha bem. Tenha – e viva – sua própria opinião.

SEMPRE EM FRENTE.

Durante toda a minha vida, enfrentei incêndios como uma pessoa medrosa, uma pessoa para quem a coragem não vem facilmente, e aprendi com tudo o que enfrentei. Sim, cada incêndio foi um professor para mim. Cada incêndio nos ensina aquilo que podemos suportar. Cada incêndio nos ensina sobre resiliência e renovação – que algo vai crescer depois que o fogo passa, e que aquilo que cresce depois de um incêndio não poderia ter nascido de outra maneira.

O estresse pós-traumático é uma ideia familiar. Passamos a aceitar, para não dizer que até esperamos, que esse trauma resulta em danos psicológicos e físicos. Mas e o crescimento pós-traumático, "a mudança positiva vivida como resultado da luta contra uma grande crise de vida ou um evento traumático"? Os pesquisadores descobriram que os seres humanos não apenas "se recuperam" após eventos traumáticos, mas na verdade eles avançam – assumindo riscos profissionais, fortalecendo seus relacionamentos e vivenciando um sentimento de gratidão mais profundo.

Muitas vezes, pensamos na perda apenas como algo que destrói, mas ela também pode fazer nascer – porque todo final é também um começo. Quando uma coisa desaparece, um espaço é criado em seu lugar. Claro, quando estamos de luto, estamos assim por causa de uma perda, mas por que não se perguntar também o que poderá crescer naquele lugar árido? Por que não se perguntar: o que eu posso plantar lá?

Aquela palavra, *seratinosa*, falando da pinha, é uma palavra de que gosto porque me lembra o que se torna possível depois de um desastre, fala daquilo que o fogo dá ao mesmo tempo que tira.

Eu gostaria de poder voltar e contar àquela jovem medrosa que fui o que sei agora sobre fogo e crescimento. O que eu diria a ela? Mesmo que você não se sinta corajosa, pratique a bravura. Haverá momentos em sua vida em que você sentirá que a vida está em chamas a seu lado, mas saiba que a renovação está logo atrás. Confie no que se abrirá, no que crescerá depois que algo se queimou, mesmo quando a paisagem está totalmente carbonizada. E confie que uma das coisas que tem garantia de crescimento – sempre, fogo após fogo – é você. As possibilidades, como as sementes, estão soltas no ar.

Considere que
suas ideias sobre a
felicidade – como você
acha que ela deve
ser, sentir, implicar,
proporcionar – podem
estar atrapalhando
sua experiência com
ela. Deixe de lado suas
expectativas. Observe,
ouça, aprenda, sinta.

SEMPRE EM FRENTE.

Pense bem sobre a independência – e a ilusão dela. Pratique uma ação, por menor que seja, para se desvencilhar de uma pessoa ou situação que o mantém pressionado ou o puxa para trás. Em seguida, execute uma ação para ajudar outra pessoa a fazer o mesmo.

SEMPRE EM FRENTE.

Concentre-se em viver em vez de apenas sobreviver ou suportar a vida; em vez de ficar aguentando firme, enfrentando, resistindo. Pense no *ato de viver* como sendo algo maior e muito mais do que sobreviver.

SEMPRE EM FRENTE.

Acredite que há paz à frente, mesmo que não haja nenhum sinal dela no horizonte. Mesmo que você ainda não consiga ver, acredite que ela está lá. Nesse ínterim, faça o que puder para trazer um pouco de paz para este dia. Respire.

SEMPRE EM FRENTE.

Mesmo que você não acredite que tenha "um propósito", pense no trabalho que você poderia realizar no mundo e que faria a diferença para os outros. Que arte você pode criar, que conforto pode trazer, que mal pode remediar? Se você puder fazer isso, então deve fazê-lo.

SEMPRE EM FRENTE.

Aceite que o que doeu ontem vai doer hoje e amanhã. Sempre pode doer – mas não assim, desse jeito. A dor pode estar atrasando-o agora, mas confie que, com o tempo, você aprenderá a se mover com ela, porque você é bem forte.

SEMPRE EM FRENTE.

Talvez a gente fale "guardar rancor" porque esse tipo de ressentimento é uma coisa que ocupa espaço, que nos faz gastar energia para poder carregar. Guardar isso faz peso em você, e não na outra pessoa. Solte essa coisa a qualquer momento. Agora, por exemplo.

SEMPRE EM FRENTE.

Pare de esperar
por alguma grande
permissão para mudar
sua vida. O universo não
vai lhe dizer que está
tudo bem. Diga a
si mesmo que está
tudo bem.

SEMPRE EM FRENTE.

EMENDA DE OURO

A palavra *kintsugi*, que se traduz como "carpintaria dourada" (ou *kintsukuroi*, "reparação com ouro"), refere-se à centenária arte japonesa de remendar cerâmicas quebradas com ouro. Os artistas não escondem as rachaduras na porcelana – eles as enchem com laca polvilhada com ouro em pó, prata ou platina, de modo que suas costuras brilhem onde foi remendada.

Kintsugi está relacionado à filosofia japonesa de *wabi-sabi*, que celebra a imperfeição e a impermanência, assim como o *mushin*, a aceitação da mudança. O artista homenageia a história do objeto – o que ele passou para se tornar o que é agora – e lhe dá uma nova vida. Aquilo que foi rompido não é apenas a parte mais bonita, mas também a mais forte.

Quando penso em cura após uma perda ou trauma, penso em uma cerâmica emendada novamente com ouro.

Não recuse a alegria – mesmo que chegue em um momento inconveniente, mesmo se você achar que deveria estar de luto, mesmo que pense que é "muito cedo". A alegria vem sempre na hora certa.

SEMPRE EM FRENTE.

Reconheça a diferença
entre *o* final e *um*
final. Os artigos
são importantes.
Tente não manter
pensamentos
catastróficos. Por mais
curta que a vida seja,
saiba que também é
um recipiente grande
o suficiente para
conter coisas que você
nem imaginaria
seis meses ou seis
anos atrás.

SEMPRE EM FRENTE.

Não desista de você,
ainda que alguém tenha
feito isso. Escolha a si
mesmo. Faça algo hoje,
por menor que seja,
para investir em sua
própria felicidade.

SEMPRE EM FRENTE.

O que você chama de *sorte* só é possível se você mesmo construir os alicerces. Faça algo hoje, por menor que seja, para se preparar para a sorte, para se colocar no caminho dela. Em seguida, repita, repita, repita.

SEMPRE EM FRENTE.

Pare de ficar vasculhando dentro de si mesmo, tentando entender por que alguém o tratou daquela maneira: a resposta não está aí dentro, está dentro daquela pessoa, e fora de seu alcance. Em vez de perder tempo com isso, trabalhe para se compreender e se conhecer verdadeiramente.

SEMPRE EM FRENTE.

Reflita sobre o que você viveu – e veja, você ainda está aqui. Olhe para trás, para a estrada que percorreu para chegar até este lugar, e saiba que você acumulou forças para viajar o próximo trecho – e o próximo, e o próximo.

SEMPRE EM FRENTE.

Se você estiver sendo humano consigo mesmo durante um momento difícil, não se trata de autopiedade. Você demonstraria compaixão a um amigo que está sofrendo, até mesmo a um estranho, então por que negar isso a si mesmo? Não o faça.

SEMPRE EM FRENTE.

Pense na palavra *feitiço*, que significa "um estado de encantamento". Quando um capítulo de sua vida termina, você pode sentir que um feitiço foi quebrado; você pode se sentir desencantado, mas uma nova magia está chegando. Melhor ainda: crie uma nova magia.

SEMPRE EM FRENTE.

Reflita sobre o que você aprendeu sobre si por meio do luto: agora você sabe o quanto é forte. Agora você sabe o que pode suportar. Pense neste estranho presente – ter confiança de que você é capaz. Vá em frente com essa força.

SEMPRE EM FRENTE.

Quando minha filha, Violet, nasceu em dezembro de 2008, ser mãe não foi bem o que eu via nos filmes. Ela raramente dormia, e somente quando era pega no colo. Chorava demais e eu, desesperada porque não conhecia muitas canções de ninar, cantava para ela "Graceland" e "Lucy in the Sky with Diamonds", porque, mesmo exausta, dessas eu conhecia a letra. Cantei também "You Are My Sunshine", como se cantando isso pudesse fazer com que minha Violet se tornasse um solzinho. Colocava o CD de ruído branco em um *loop* eterno. Saltava, pulava, brincava. Eu chorava no banho, quando conseguia fugir para tomar um.

Eu disse ao meu então marido: "Ela não me ama, ela só me quer para alimentá-la". Perguntei: "Por que fizemos isso?". Tínhamos uma vida boa. Havíamos arruinado nossa vida tranquila. E tínhamos feito isso para nós mesmos.

Voltei ao trabalho duas semanas antes do planejado – principalmente para fugir, para remar para longe da ilha solitária em que vivíamos juntos. Lembro-me de deixá-la na creche. Lembro-me dela sentada em um bebê conforto vestida com uma roupa de joaninha, segurando um pequeno babador fazendo as vezes de um cobertor de segurança, seus olhinhos focalizando algo do outro lado da sala. Eu a deixei lá. Chorei muito, mas estava livre.

E meu pavor, que nunca tratei com terapias, e que nem sequer chamei pelo nome correto, começou a se dissolver. Quase consegui sentir o gosto dele – uma pastilha dura se dissolvendo no calor da minha boca.

Não se critique por ter lutado; a luta faz parte da transformação. Acredite que a sua nova versão, que emerge do outro lado, será mais forte por causa disso.

SEMPRE EM FRENTE.

Pare de se concentrar no que está atrás de você. Aquilo está ficando cada vez menor, miniaturizando-se com a distância; pare de ficar olhando, como se aquilo tivesse respostas. Hoje, mantenha os olhos voltados para onde está indo, não para onde já esteve.

SEMPRE EM FRENTE.

Deixe que os dias difíceis sejam difíceis. Quando você chora por uma pessoa, é uma forma de amor. Você lamenta a sua perda porque ela importava, porque o mundo sem ela ficou menor. Sente-se quieto com sua dor, se precisar, depois levante-a e carregue-a com você.

SEMPRE EM FRENTE.

Faça um balanço
do que você pode
enxergar em sua vida,
agora que partes dela
se foram. Que vista
esse novo espaço
criou? O que você
pode ver hoje que não
conseguia ver antes?
Aprecie o
novo panorama.

SEMPRE EM FRENTE.

Permita que qualquer mudança – até mesmo uma reviravolta traumática – lembre você de que tudo é possível. Quando a nuvem negra do caos estiver pairando sobre você, deixe que as possibilidades sejam o lado positivo disso tudo.

SEMPRE EM FRENTE.

Pergunte-se que parte de você está se fixando na dor porque ela lhe é familiar, porque abrir mão dela exigiria fazer algo diferente para preencher esse espaço. E o que poderia preencher esse espaço? Hoje, diminua seu apego à dor. Deixe-a ir, pouco a pouco.

SEMPRE EM FRENTE.

Levamos anos para decidir ter outro filho. Eu estava com medo de me arrepender, com medo daqueles dias de — roupão de banho, de semanas vestida com roupão de banho. Aterrorizada com o olhar distante que eu tinha visto nas minhas fotos, com aquela sensação de vazio e desgaste. O que eu não esperava, no momento em que finalmente decidimos percorrê-la, era que a estrada seria tão difícil. Abortei duas vezes em 2011, uma em casa e outra, para meu horror, no banheiro do trabalho. Eu me sentia despedaçada. Pensava em meu corpo como uma coisa desgastada e destroçada.

O ano dos abortos espontâneos também foi o ano da obsessão. Insisti em fazer exames, um após o outro. Pensava que, se não fosse uma coisa, seria outra. Se meus níveis forem x, podemos tentar y novamente. Decidimos tentar novamente pela última vez em 2012. No Dia dos Namorados, um dia após meu 35º aniversário, disse ao meu então marido que estava grávida. "Lá vamos nós de novo", disse ele. Nós dois esperávamos o pior.

Mas, semanas depois, lá estava ele na difusa tela cinza: uma pequena piscadela. Ainda assim, a preocupação obsessiva e a cautela não acabaram. Não falei ou escrevi sobre os abortos porque tinha vergonha do meu corpo arrebentado, mas também tinha a ver com superstição. Eu não queria de alguma forma azarar nossa última chance de ter outra criança. Combinamos que não tentaríamos novamente.

Por duas vezes houve *quase* um outro filho, como se *quase* fosse uma variedade de crianças, como uma maçã – fuji, gala, argentina... E eu era uma variedade de viúva, uma variedade de órfã, uma espécie de híbrido terrível: não há nome para a mãe de *quase* uma criança. Eu tinha visto meu prontuário médico. *Gestações*: 4. *Nascidos vivos*: 1. Durante nove meses, a única coisa que eu esperava era sangue.

Lute contra a vontade de desistir quando estiver sofrendo com a dor – para se tornar pequeno, para se esconder, como se para evitar causar desgosto aos outros. Estamos aqui para cuidar uns dos outros, então deixe as pessoas que o amam fazer o trabalho delas. Em breve, será a sua vez.

SEMPRE EM FRENTE.

Que este seja um momento de recuperação. Hoje, recupere um espaço, uma canção, um objeto, uma memória que lhe trouxe dor. Faça dele algo novo.

SEMPRE EM FRENTE.

Sua vida é sua e seu trabalho é seu, e essas coisas podem ser o que você quiser. Você decide.

SEMPRE EM FRENTE.

Aguarde, que aquilo de que você toma conta vai crescer. Aguarde, que o que você alimenta com seu cuidado e atenção, o que você ilumina, vai florescer. Escolha sabiamente.

SEMPRE EM FRENTE.

Vulnerabilidade é força.
Não agrave sua dor tendo
vergonha dela. Seja
vulnerável. Seja forte.

SEMPRE EM FRENTE.

Imagine a vista da janela de um avião: tudo é do tamanho de um brinquedo, muito pequeno lá embaixo. O que quer que pareça enorme agora, nem sempre terá esse tamanho. Você vai se levantar e se afastar disso.

SEMPRE EM FRENTE.

Nosso filho nasceu em outubro. Ele parecia um *cover* do Elvis – quase cinco quilos, com uma cabeça cheia de cabelos escuros e costeletas. Ele era a criança que *quase* não foi. Se eu acreditasse em milagres, meu filho teria sido um. Era o sol, a luz no fim de uma longa escuridão.

No início, ele ficava tão calmo e quieto que pensei que a maldição tivesse sido quebrada. Mas, depois de algumas semanas, o bebê emergiu da névoa do parto. Cólica. Refluxo. Sensibilidade ao leite. Vigilância extrema. Em dezembro, me encontrei no limite novamente, mas dessa vez com uma criança de quatro anos para cuidar. O motor da minha mente funcionou e funcionou até fumegar. Então, escrevi tudo. Não conseguia dormir. Vivia preocupada com o que o dia seguinte traria. Eu me preocupava em ficar sozinha com ele. Detestava quando a manhã chegava. E me repreendia o tempo todo: *por que minha gratidão por ele não é suficiente para me manter feliz? Por que me isolei voluntariamente em uma ilha com um recém-nascido pela segunda vez? Por que achei que seria diferente? Por que não é diferente?*

Fiquei ressentida com meu então marido por ter um escritório aonde ir todos os dias. E quando eu gritava com ele, quando andava pela cozinha batendo as portas dos armários, ele respondia: "Foi você que escolheu isso. Isso é o que você queria".

O que meu ex-marido queria dizer foi: *Você sabia que eu estaria no trabalho e você em casa. Você sabia que seria difícil.*

Mas o que ouvi foi: *Eu te avisei.*

Eles chamam os primeiros três meses de vida de um bebê de "o quarto trimestre". Os cavalos podem praticamente sair correndo do útero. Até um cervo pode ficar em pé, melequento, e sair andando. Mas bebês humanos são indefesos, cegos, vivem berrando, não estão prontos para vir ao mundo – e eu também não estava pronta. Eu não estava pronta para isso.

Quando relembro essa época, não posso deixar de pensar que agravei minha dor ao ter vergonha dela, tentando escondê-la. O que é pior do que sofrer? Sofrer, mas fingindo que está tudo bem – colando com superbonder a nós mesmos, nossas vidas estilhaçadas, esperando que ninguém perceba as muitas rachaduras.

Eu sei agora que o aborto espontâneo é um indicador de depressão pós-parto. Claro que é. Eu engravidei três vezes em dois anos. Meus hormônios estavam espalhados por todo lugar, e eu estava com o coração partido, torturada, exausta e com medo. Meu prontuário médico foi atualizado. *Gestações*: 4. *Nascidos vivos*: 2.

Tive sorte – aliás, *tenho* sorte – de ter dois filhos saudáveis, mas não há nome para uma mãe com apenas metade de seus filhos vivendo neste mundo. Não sabia como falar ou escrever sobre isso.

Tenha certeza de que, por mais rápido e mais longe que seu medo possa viajar, sua coragem irá ultrapassá-lo. Concentre-se em um ponto distante. Imagine um feixe de luz puxando você em direção a esse ponto, aumentando a sua distância contra o que quer que se agarre em seus calcanhares. Olhos à frente.

SEMPRE EM FRENTE.

Ser forte, para se proteger
contra a dor, pode
atrapalhar a cura – que é
o trabalho verdadeiro.
Abra-se hoje, mesmo
que só um pouco. Abra
a janela e deixe entrar a
luz e o ar.

SEMPRE EM FRENTE.

Sinta sem se julgar por esse sentimento. Seja o que for que esteja vivendo – decepção ou surpresa, tristeza ou alegria, inveja ou contentamento, medo ou alívio –, reserve um momento e reflita sobre isso. Em seguida, deixe o sentimento seguir seu caminho, abrindo espaço para o que chegará em seu lugar.

SEMPRE EM FRENTE.

Lembre-se daquela vez em que você perdoou alguém, de como esse gesto pareceu libertador. Você merece sua misericórdia, tanto quanto qualquer outra pessoa. Perdoe-se por algo hoje, algo que você gostaria de ter feito de forma diferente. Apenas deixe ir. Liberte-se disso.

SEMPRE EM FRENTE.

Não se envergonhe da intensidade de sua emoção. Essa é a sua humanidade. O luto pode ser selvagem, assustador. Dê a ele um lugar seguro para morar.

SEMPRE EM FRENTE.

Os diamantes são
criados a partir de intensa
pressão durante longos
períodos; pérolas são
formadas em torno de
substâncias que
causam uma irritação.
Coisas preciosas
são feitas a partir de
algum desconforto.

SEMPRE EM FRENTE.

A ideia por trás do *kintsugi* é que uma coisa permanece bela apesar dos danos que sofreu, mas principalmente *por causa* desses danos. Tive que aprender a me perdoar pela minha tristeza e a ser honesta sobre o que eu estava passando. Enquanto falo e escrevo abertamente sobre meus abortos espontâneos, meus esforços contra a depressão e ansiedade pós-parto e meu divórcio, sinto que estou preenchendo as minhas rachaduras com ouro. Estou deixando as costuras aparecerem – esses ais de sobrevivência, essas cicatrizes das quais posso me orgulhar – e deixá-las brilhar.

O ato de escrever sobre minha própria perda e tristeza me deu um senso de propósito e uma nova apreciação, e até mesmo gratidão, por minhas feridas. Claro, a balança não está equilibrada. Eu escolheria uma família feliz e intacta, em vez das palavras que escreverei sobre a perda dessa família feliz e intacta. Eu escolheria não ter abortado tantas vezes. Mas não tive essa opção. Se sentir perda e tristeza, o mínimo que posso fazer é trabalhar com isso, criar algo que possa ajudar a me curar.

Considero a comunidade literária a minha família por escolha. Quem me estendeu a mão quando meu casamento acabou? Escritores, artistas, músicos – um grupo incrível e generoso. Alguns deles eu conhecia pessoalmente, e outros só conhecia das redes sociais. Independentemente disso, eles me ligaram e me escreveram. Enviaram livros, pinturas, cartões-postais, discos. Enviaram flores, cartões, cristais e óleos essenciais. Eles me ofereceram um período em retiros espirituais ou quartos de hóspedes para ficar se eu precisasse fugir de tudo. E também enviaram mensagens de encorajamento. Eles se apresentaram. A poesia – e a escrita em geral – é uma vocação solitária. Mas nunca me senti sozinha nisso. E não estou sozinha agora. Olha, você também está aqui.

Nossas lutas nos transformarão em algum momento, se permitirmos. E elas podem transformar outras pessoas também, se deixarmos as brechas aparecerem – e somente honrando a imperfeição e a impermanência, preenchendo as rachaduras com ouro, poderemos ser espelhos um do outro. O que dizemos, ao escrever sobre nossa prostração, não é *Olhe para mim*, mas *Olhe para nós*.

Comprometa-se com o presente. Afrouxe o apego à vida que você tinha antes – antes de uma perda, de uma perturbação, de uma mudança que colocou tudo em disputa – para que possa estar aqui, onde você é necessário, no agora.

SEMPRE EM FRENTE.

Faça algo hoje que lhe trará alegria, mesmo que você saiba que não fará isso muito bem. Deixe de lado a ideia de que precisa ser o melhor em alguma coisa para fazê-la. Treine-se para almejar a experiência, não a perfeição.

SEMPRE EM FRENTE.

Não espere que outra pessoa o resgate. Faça uma coisa hoje, por menor que seja, na *Operação Salve-se*. Construa uma escada, abra uma fechadura.

SEMPRE EM FRENTE.

Pare de tagarelar
dentro de você, como
se fosse alguém muito
pequeno; você não é
pequeno. Comemore
todos os caminhos que
o fizeram crescer e
mudar. Complete-se
até a borda.

SEMPRE EM FRENTE.

Não permita que as escolhas de outra pessoa estraguem suas horas acordado ou interrompam seu sono. As únicas palavras e ações que você pode controlar são as suas, então concentre-se em sua própria integridade, generosidade e honestidade. Não se deixe afetar por isso.

SEMPRE EM FRENTE.

Conheça-se por suas ações.
Você não é o que os outros
dizem, bom ou mau, ou o
que pensa sobre si mesmo.
Você é o que faz. Então,
faça o bem.

SEMPRE EM FRENTE.

3

TRANSFORMAÇÃO

O AZUL OCUPA O ESPAÇO

Desde criança, anseio por um tempo sozinha. Meus pais brincam comigo, dizendo que passei os primeiros dezoito anos de minha vida em meu quarto – e é verdade, porque frequentemente fui castigada por "desrespeitá-los" ou por brigar com minhas duas irmãs mais novas. Mas, mesmo quando não fui banida para o meu quarto, optei por ir para lá. Meus livros estavam lá, meu material de arte e meu aparelho de som – primeiro um toca-discos, depois um toca-fitas e, em seguida, um CD player. Eu lia e ouvia as músicas que amava naquela época, músicas que ainda amo agora – os Beatles, The Cure, R.E.M., The Sundays, T. Rex. Eu virava o disco para o lado B, virava a fita, virava página após página após página.

Não percebi o quanto eu precisava de solidão – como ela é restauradora para mim – até que tive filhos. Como a cuidadora principal deles, raramente ficava sozinha. Estava acostumada a ter público sempre, mesmo quando usava o banheiro. Quando meu filho era pequeno, ele brincava com seus brinquedos no chão do banheiro e falava comigo enquanto eu tomava banho. Quando aprendeu a ler, ele trazia livros ilustrados, sentava-se no tapete de banheiro cinza e lia para mim, segurando alto os livros enquanto lia, como um professor, para que eu pudesse ver as imagens.

Verdade seja dita, ele ainda quer se sentar no tapete do banheiro e falar comigo. Nós jogamos "o jogo do bicho" agora – ele pensa em um animal, e eu, descansando na espuma da banheira, tento adivinhar qual é.

— Estou pensando em um animal que vive no oceano.

— Narval (ensaboando o cabelo).

— Não.

— Atum (enxaguando o cabelo).

— Não.

— Orca (apertando o condicionador na palma da mão).

— Acertou! Sua vez!

Adoro o fato de meus filhos quererem ficar comigo – e sei o suficiente sobre crescimento para saber que isso vai mudar, e tenho que absorver isso enquanto posso –, mas também não tenho problemas em ficar sozinha por dias a fio. Quando deixei meu emprego no mercado editorial em 2011 para trabalhar como free-lancer em casa, as pessoas perguntaram: "Você não está preocupada em ficar sozinha? Você não vai sentir falta de ter colegas de trabalho?".

Eu ri. Eles não me conheciam muito bem.

Certa tarde, levando meu filho e minha filha para o centro da cidade para realizar algumas tarefas, parei em um semáforo – na esquina da First Avenue com a Summit – e observei dois funcionários da cidade derrubarem uma árvore morta. No banco de trás, minha filha disse algo como:

— Aposto que quando eles cortam uma árvore, o céu fala tipo *finalmente* e preenche o espaço.

— Isso! – comentei. – E quando você corta os galhos, o céu ocupa o espaço antes mesmo de os galhos chegarem ao solo.

— É como quando você tira a mão de um balde d'água e a água retoma o espaço.

Eu amava, e ainda amo, a mente de minha filha.

Meu ex-marido e eu tínhamos nos separado naquela época, mas ainda não estávamos divorciados. Eu tinha comprado alguns móveis novos, reorganizado algumas peças mais antigas, pendurado novas obras de arte. Fiquei impressionada naquele momento no carro: é claro que o céu se precipita quando uma árvore é derrubada. Ele se expande, ocupando um espaço que não poderia ter antes. Ele pinta o espaço de azul porque agora pode fazer isso. A água retoma o espaço onde estava aquela mão...

Deixe de lado as narrativas que você arrastou por anos: você não é quem era quando criança, ou no ano x, ou no dia y – pelo menos, não é só isso. Você não precisa se encaixar nessas histórias antigas e restritas. Seja você mesmo, aqui e agora.

SEMPRE EM FRENTE.

Aceite que você pode nunca saber o que isso significa. Aceite que pode não haver uma razão, apesar do conforto que as razões fornecem. Não procure significado em tudo o que desabou ao seu redor; faça sentido desenterrando-se.

SEMPRE EM FRENTE.

Reflita sobre o que a perda lhe deu, por mais contraditório que isso possa parecer. Pense na solidão, na autorreflexão e na autossuficiência como sendo presentes. Claro que não têm o mesmo peso que a dor – elas não equilibram a balança –, mas seja grato, de qualquer maneira.

SEMPRE EM FRENTE.

Coloque um pé na frente
do outro e acredite que a
estrada estará lá. Tenha
orgulho: você não está
apenas percorrendo uma
nova estrada, mas também
a construindo à medida
que avança.

SEMPRE EM FRENTE.

Pense no que você conquistou e que não parecia possível no ano passado, ou cinco anos atrás, ou dez; não parecia possível, mas você provou que era. Agora, imagine o que pode ser possível em mais um ano, cinco ou dez.

SEMPRE EM FRENTE.

Pergunte a si mesmo o que faria se tivesse um suprimento ilimitado de coragem e esperança. Agora, comece a responder a essa pergunta com ação. Dê um passo hoje – depois repita, repita, repita.

SEMPRE EM FRENTE.

Um espaço vazio está cheio de potencial. Acredite, você está abrindo espaço para algo mais. Ligue o sinal de HÁ VAGAS.

SEMPRE EM FRENTE.

Escolha suas palavras com
o olhar de um joalheiro,
considerando suas facetas,
sua clareza, sua capacidade de
refletir a luz. Fale sem silenciar
os outros. Ouça sem perder
sua própria voz.

SEMPRE EM FRENTE.

No verão de 2000, mudei-me para meu primeiro apartamento com o namorado com quem mais tarde me casaria, e depois me divorciaria. Eu tinha 23 anos, prestes a começar o mestrado, e ele, 22, iniciando seu primeiro trabalho pós-universidade no conselho municipal de artes. No outono de 2018, quando ele se mudou de nossa casa, nós dois tínhamos 41 anos.

Passei toda a minha vida adulta com ele até aquele ponto. Naquela época, eu era escritora e editora free-lancer; ele era advogado. Crescemos juntos. O que eu faria agora? Quem eu seria sozinha?

Anos atrás, li com as crianças um livro sobre metamorfose. Eu conhecia os passos básicos da transformação – larva, crisálida, borboleta –, mas não tinha ideia do que acontecia dentro de uma crisálida para permitir que uma lagarta saísse como uma borboleta, depois do que eu presumi ser um estranho cochilo, onde ela mudaria de forma. O que aprendi me emocionou: uma lagarta se liquefaz, depois se reconstitui, tornando-se uma criatura totalmente diferente.

A parte mais fascinante? A borboleta pode realmente carregar em si memórias ou lembranças desde sua primeira mudança. Ela é a mesma e, no entanto, é completamente diferente. É ela mesma e não é. Carrega dentro de si a velha vida enquanto vive a nova, o que lhe permite voar.

Reconheça seu desejo
de previsibilidade – e
pense em como
isso compete com
seu senso de aventura,
de possibilidades
e surpresas.
Permita-se dar de
ombros. Permita-se
ficar inseguro.

SEMPRE EM FRENTE.

> Você não precisa estar apaixonado para ter amor em sua vida.
> Faça um balanço de tudo – e de todos – que preenchem seu coração.
>
> **SEMPRE EM FRENTE.**

Pare de ficar obcecado com os "últimos". Esteja pronto para saudar os *primeiros* e os *próximos* ainda não vistos, e que estão chegando. Olhe bem – eles estarão aqui a qualquer momento.

SEMPRE EM FRENTE.

Confie no seu *Futuro Eu* para lidar com uma parte do que o *Eu Presente* está enfrentando. O Futuro Eu saberá mais e machucará menos. Lembre-se de que ele está lá fora, de braços vazios, esperando para carregar o que você lhe entregar.

SEMPRE EM FRENTE.

Quando você pensa que conhece a forma e o tamanho de sua vida, quando pensa que sabe o que é possível, algo acontecerá para provar que está errado. Esteja aberto a isso – você quer estar errado! Acredite que sua vida é mais elástica do que pensa: ela pode crescer, ser mais, conter mais.

SEMPRE EM FRENTE.

Pergunte-se o quanto da sua autoimagem – aquilo que acredita ser real e verdadeiro sobre si mesmo – se baseia no que os outros pensam de você. Permita-se espaço para mudar. Deixe de lado as velhas narrativas que não se encaixam mais – ou talvez nunca tenham se encaixado.

SEMPRE EM FRENTE.

Separe um tempo para refletir sobre suas dúvidas, suas indagações, seu medo do desconhecido, e faça o melhor que puder para se sentir confortável com eles. Lembre-se de que você não tem escolha: saber tudo não é uma opção. Não complique ainda mais sua ansiedade tendo vergonha disso.

SEMPRE EM FRENTE.

Em 2019, fui contatada por uma produtora do podcast *Ciência da Felicidade*, uma coprodução com o Greater Good Science Center da UC Berkeley. Como convidada do podcast, distribuído pela Public Radio International e PRX, eu escolheria no site do Greater Good Science Center primeiro uma prática baseada em pesquisa para felicidade, resiliência, gentileza ou conexão. Daí, realizaria essa prática por três semanas e, em seguida, discutiria minha experiência no ar. Eu gostava quando ela se referia aos convidados do podcast como Porquinhos-da-Índia da Felicidade.

A prática que escolhi foi Descobrindo o Lado Positivo das Coisas, rotulada como tendo uma "dificuldade moderada" no site. Foi uma combinação natural: eu vinha tentando o máximo, havia meses, encontrar isso. Durante dez minutos todos os dias, eu anotava algumas coisas pelas quais era grata, depois escrevia sobre uma experiência negativa recente e, finalmente, listava três "coisas positivas" naquela experiência sombria.

Muitas das experiências negativas sobre as quais escrevi foram coisas pequenas, apenas pedaços de uma vida em turbulência: um texto cheio de observações sarcásticas, uma fatura alta do advogado, uma decepção profissional. Mas também comecei a pensar em uma escala maior. Quais eram as vantagens – as coisas positivas inesperadas, se é que existiam – de ser solteira de repente? O que ganhei com essa perda, por mais contraditório que isso possa parecer?

Uma coisa imediatamente subiu para o topo da lista: a solidão.

Desde que me separei e negociei a guarda conjunta dos filhos, passei a ter mais tempo para mim mesma, bem mais do que nos vinte anos anteriores. No início, a vida parecia não ser natural, como uma árvore com seus enormes galhos cortados, especialmente quando os filhos estavam na casa do pai. Mas, enquanto me acostumava com o desconforto, aprendendo a conviver com ele, ouvi o silêncio ao meu redor. Foi bonito.

No início, eu considerava todos os fins de semana alternados – os fins de semana em que as crianças ficavam com o pai – como sendo um retiro para escrever. Bebi muito café e escrevi por horas, sem interrupções, como fazia na época da pós-graduação. Tomei longos banhos tarde da noite, sozinha. Passei um tempo de qualidade comigo mesma, preenchendo o espaço da maneira que queria.

Seja criativo não apenas em sua arte, mas em sua vida. "É assim que sempre fizemos" não é razão suficiente para continuar fazendo do mesmo modo. Exija mais. Experimente algo novo hoje. Inove. Jogue.

SEMPRE EM FRENTE.

Revise a história que conta a si mesmo sobre a rejeição. Toda ela conta apenas o que você valia para outra pessoa – não o que você vale.

SEMPRE EM FRENTE.

Deixe de lado a ideia de que você poderia ter feito diferente. Mas esteja certo de que sabe fazer melhor agora – e pode fazê-lo. Observe a luz abrindo seu caminho por entre as folhas.

SEMPRE EM FRENTE.

Uma boa prática para ser leal aos outros é ser leal a você mesmo; uma boa prática para ser honesto com os outros é ser honesto consigo mesmo. Comece tudo com você.

SEMPRE EM FRENTE.

Reconheça aquilo que já perdeu e o que tem medo de perder agora. Lembre-se de que você carrega consigo a sua casa, porque a casa é você. Você é *sua* propriedade.

SEMPRE EM FRENTE.

Defina com clareza o que deseja deste ano, do próximo ano, e do futuro desconhecido. Agora, dê um nome a essas coisas. Dê-lhes uma linguagem. Escreva-os como uma forma de se responsabilizar – não por alcançá-los, mas por *tentar* alcançá-los. Comprometa-se a tentar.

SEMPRE EM FRENTE.

A palavra *metamorfose* vem de uma palavra grega que significa "mudar de forma". Quando meu casamento acabou, minha família mudou de forma, passando de um quarteto para um trio, reconstituindo-se como algo diferente, mas ainda reconhecível.

Minha família é menor agora – sou eu e as crianças, e às vezes sou só eu –, mas, de certa forma, minha vida ficou maior, mais ampla. Eu esperava que o azul viesse, e isso *finalmente* aconteceu.

O azul é o *eu* que esperava pacientemente, o *eu* pronto para ser transformado.

Enquanto tateio pelo meu caminho por estar solteira na meia-idade, e ser uma mãe sem marido, estou descobrindo que há uma diferença entre estar sozinha e ser solitária. Na verdade, não sou nenhuma das duas. Moro sozinha parte da semana, mas ainda moro na cidade onde nasci, como se fosse em uma grande aldeia: repleta de amigos, da família, de vizinhos, da comunidade literária. Também tenho um pacote de amor incondicional aqui comigo – uma Boston terrier chamada Phoebe.

Mesmo quando estou sozinha – ou, pelo menos, sem a companhia humana –, acho a solidão energizante e recuperadora. Sou grata por isso. Ter esse tempo sozinha me deu a oportunidade de me perguntar: *Quem sou eu? O que eu quero?* Estou começando a me conhecer como uma pessoa adulta, um *eu* que não é mais metade de um *nós*, e estou desfrutando de minha própria boa companhia. O lado bom de estar sozinho é estar com alguém em quem você pode confiar, alguém que você respeita e compreende. Você pode baixar a guarda quando estiver sozinho. Pode se dar permissão para viver sua vida de verdade, sem desculpas. Pode amar a si mesmo de uma maneira que ninguém mais pode.

Ainda estou aprendendo a desfrutar desta nova vida e, em muitos aspectos, é algo que me parece estranho. Comecei a preencher o lugar que a perda criou ao meu redor. Posso colorir o vazio à minha volta com as cores que quiser – *finalmente* – porque agora há espaço. O que estou descobrindo é tão surpreendente para mim quanto a transformação da lagarta: a vida do outro lado da perda não é apenas habitável, mas pode ser melhor, mais rica, mais significativa. Ter passado por essa transformação estranha e dolorosa me fez mais de mim mesma, é como entrar na escuridão e sair com asas.

Você é a mesma pessoa que era antes dessa perda, mas foi transformada por ela. Ambas são verdadeiras, por mais impossível que pareça: você é o mesmo, e é diferente. Permita-se mudar e acredite que a mudança não apagou tudo o que você era.

SEMPRE EM FRENTE.

Lembre-se de Plutão –
em como ele continua
a existir como
sempre foi, alheio
às categorizações
humanas. Ninguém é
capaz de definir você
ou de determinar seu
valor. Seja um planeta,
não importa como eles
possam vir a chamá-lo.

SEMPRE EM FRENTE.

Viva com o seu medo, não dentro dele. Não confunda a permissão para sentir medo em tempos de mudança com a permissão para acovardar-se. Fique de pé. Tire a venda de seus olhos.

SEMPRE EM FRENTE.

Deixe de lado a ideia de que as coisas poderiam ter acontecido de maneira diferente, como se a sua vida fosse um livro tipo *Escolha sua própria aventura*, e você simplesmente tivesse aberto na página errada. Você fez o melhor que pôde na época, com aquilo que sabia e sentia. Agora faça melhor, sabendo mais.

SEMPRE EM FRENTE.

Pare de conversar com os fantasmas barulhentos dentro de sua cabeça, porque vencer uma discussão imaginária não é, de forma alguma, vencer. Diga o que você precisa dizer em voz alta ou escreva.

SEMPRE EM FRENTE.

Saiba que a curiosidade que o leva a criar é a mesma que o leva em direção à próxima etapa de sua vida. Deixe que isso o guie.

SEMPRE EM FRENTE.

Comemore seus sucessos.
Não deixe que a tristeza ou
a preocupação tirem isso
de você. Mesmo quando
carregar a escuridão
dentro de si, brilhe. Brilhe,
desafiando essa escuridão.

SEMPRE EM FRENTE.

Vá com calma hoje. Se você se sentir um pouco cansado, um pouco confuso, tudo bem; é assim mesmo que são as ressacas da alma. Isto vai passar.

SEMPRE EM FRENTE.

> Não se dobre até ficar pequeno demais para se dobrar. Lembre-se de Whitman: você é grande; você contém multidões. Deixe que suas multidões se revelem e ocupem o espaço.
>
> SEMPRE EM FRENTE.

ANINHADOS

Quando minha filha estava na pré-escola, ela queria saber tudo sobre o mundo. Aos três e quatro anos, ela usava cada curta viagem de carro até o correio, até a biblioteca ou até o supermercado para me fazer grandes perguntas, lá de sua cadeirinha no banco de trás:

— Pra que serve a Terra?

— O que é futuro?

— O que é passado?

— Onde eu estava antes de entrar na sua barriga?

Eu quase podia ouvir sua mente zumbindo, girando, incapaz de se desligar. Antes, eu tinha um MacBook antigo que fazia exatamente isso, até que queimou meu colo.

Em certas noites, ela nem conseguia desligar seus pensamentos. Lembro-me daquelas noites difíceis, quando a colocava debaixo das cobertas.

Costumava lhe explicar:

— Os pensamentos são como pássaros; alguns simplesmente voam e vão embora, mas outros fazem ninhos. Nossos pensamentos fazem ninhos. Eles estão aninhados e não querem ir embora, porque se sentem em casa.

Eu tinha certeza de que minha filha estava imaginando pensamentos alados juntando galhos e fitas e até mesmo, porque tínhamos visto isso uma vez, restos de sacolas plásticas de supermercado. Pensamentos alados tecendo um lar para si mesmos dentro de sua cabecinha.

Contei a verdade do jeito que eu conhecia: que a cabecinha dela era um lugar tão lindo para se viver – mais bonito

do que qualquer sicômoro, bordo ou carvalho – que não é
de admirar que nada nem ninguém quisesse ir embora dali.
Muito menos eu.

Esperança é a coisa com penas.

Emily Dickinson

Tente mudar seu pensamento, esquecendo a perda e indo em direção ao crescimento. Considere este momento difícil como sendo um "ano sabático" entre sua vida que passou e o que pode vir a acontecer. Pense nisso como o primeiro ano de sua nova vida (confuso, admirável, árduo, emocionante).

SEMPRE EM FRENTE.

Não confunda ternura com fraqueza. É difícil estender a mão em vez de envolver os braços em volta de si mesmo, como proteção. Estenda a mão hoje.

SEMPRE EM FRENTE.

Repense as palavras que vem usando: *coração partido, lar desfeito, família desfeita.* Ao recuperar a linguagem, recupere a narrativa. Você não está destruído. Sua família não está destruída. Sua vida não está destruída – ela apenas mudou de forma e tamanho.

SEMPRE EM FRENTE.

Repense essa sua
necessidade de controle.
Se você não afrouxar
o aperto, corre o
risco de esmagar algo
insubstituível. Solte. Veja
o que acontece depois.

SEMPRE EM FRENTE.

Suavizar sua raiva em relação a alguém não significa desculpar ou perdoar – significa proteger a si mesmo. Significa recusar-se a carregar algo que pode vir a envená-lo caso leve isso consigo por muito tempo. Tente relaxar hoje, mesmo que seja só um pouco.

SEMPRE EM FRENTE.

Lembre-se de que a lua está lá, mesmo quando não se pode vê-la. A lua não sumiu – é apenas a lua nova. Você não sumiu, apenas mudou. É um eu novo.

SEMPRE EM FRENTE.

Venho de uma longa linhagem de mulheres cujos pensamentos se aninham e permanecem. Eu nunca tinha pensado nisso, até ter meus próprios filhos e me ver neles. Ser mãe é como segurar na sua frente um espelho daqueles de parque de diversão – você enxerga em seus filhos o que tem de melhor, mas também vê algumas das partes mais grosseiras, exageradas. Eu vejo minha própria preocupação, seu rosto enorme e distorcido.

Depois que meu ex-marido saiu de casa, meu filho regrediu. Ele passou a expressar sua tristeza e ansiedade como raiva durante o dia, e como medo à noite. Essa criança, que nunca precisou dormir de luz acesa, ficou de repente apavorada por ser deixada sozinha em seu quarto. Eu me deitava com ele tentando enchê-lo de bons pensamentos: panquecas no café da manhã no sábado e ginástica amanhã na escola. Sorvete daquela lojinha em Holden Beach – Beaches-n-Cream – e passeio na Old Man' Cave. Ele dizia: "Estou tentando ter bons pensamentos, mas os pensamentos ruins sempre empurram eles pra longe".

Eu entendia o poder dos "pensamentos ruins". Durante a maior parte da minha vida, mesmo quando criança, usei o pessimismo como autoproteção. Meu pensamento era o seguinte: *Se eu esperar o pior e o pior não acontecer, será uma surpresa boa. Mas se espero o pior e o pior acontece, eu estarei preparada, e não só isso, estarei certa!* Eu amo demais estar certa. Cheguei a pensar que o otimismo estava de mal com a inteligência. Era tão ingênuo esperar o melhor, não era? Essas pessoas estavam fadadas ao desapontamento. Eles não sabiam como o mundo realmente funcionava?

Pense que é uma *matrioshka*, uma daquelas bonecas russas que contêm uma série de bonecas uma dentro da outra: quantas versões de si mesmo você trouxe até aqui? Quantas versões mais haverá conforme envelhece? Saiba que há espaço para todas.

SEMPRE EM FRENTE.

Tenha cuidado para não se envenenar com sua própria raiva, seu próprio medo. Em vez disso, faça uma coisa hoje para deixar entrar alguma luz – aquele antídoto dourado. Você pode não ser curado da escuridão que o tocou, mas pode sobreviver a ela: pode e irá.

SEMPRE EM FRENTE.

Aceite o fato de que alguns dias queimam mais que outros, e, para superá-los, você terá que vivê-los. Não há desvio para o outro lado, terá que atravessá-los. Então, caminhe sobre as brasas, mas não olhe para seus pés. Olhe para a frente.

SEMPRE EM FRENTE.

O que doeu ontem
doerá hoje e amanhã,
mas, com o tempo, a
dor lancinante pode
ficar mais fraca.
Acredite que você
vai aprender como
se mover e viver
com ela, mas será
transformado pela dor
de uma maneira que
nem sequer imagina.

SEMPRE EM FRENTE.

Não há nada que seja preciso fazer de maneira diferente para ser digno de amor – nenhuma dívida emocional a pagar, nenhuma mudança a fazer. Reconheça isso como reconhece sua própria voz, sua própria pulsação.

SEMPRE EM FRENTE.

Certa vez, escrevi em um poema dizendo que o futuro é vazio. O poema foi inspirado por uma daquelas perguntas que minha filha me fez quando estava na pré-escola.

FUTURO
O que é o futuro?

Tudo o que ainda não aconteceu, o futuro
é o amanhã e o próximo ano e quando você envelhecer,
mas também é futuro em um ou dois minutos, quando
[eu terminar
de responder. O futuro não é nada que eu imaginei
quando criança: nada de mochilas a jato, nada de
[calçadas com esteira rolante,
nada de cidades em redomas no fundo do mar.
O truque do futuro é que ele está vazio,
é um copo antes de você despejar a água. O futuro
é um copo esperando e, pelo que se sabe, você o encherá
de leite. Você está com sede. Cada minuto
te leva para a frente, te transporta para um espaço
que você preenche. Quero dizer, o futuro estará repleto
[de você.
É um passo além do passo que você está dando agora.
É o que você dirá até que diga.

O que quero dizer é que o futuro é vazio, embora digamos a nós mesmos que já o preenchemos. Planejamos tudo de tal maneira como se, de alguma forma, esses projetos mentais preenchessem o futuro. Temos que imaginar algum tipo de controle sobre o futuro para que possamos suportar ir para lá, para "a grande selva inexplorada", mas a verdade é que é impossível de prever. A vida que você já viveu nos últimos cinco, dez ou vinte anos pode não ser a vida que viverá daqui a cinco, dez ou vinte anos. O parceiro que você espera que esteja lá pode ou não estar. O trabalho que você faz agora pode mudar. O dinheiro que você está economizando, a casa que está pagando, o apartamento que espera manter, os filhos que está criando...

Dá para entender o que quero dizer. Isso é libertador ou doloroso? Reconfortante ou aterrorizante? Ou tudo isso de uma só vez?

Quando eu era casada, costumava pensar que meu futuro estava preenchido. Eu me imaginei envelhecendo com essa pessoa. Imaginei nossos filhos crescendo, indo para a faculdade. E tinha o hábito de me perguntar se iríamos nos mudar para uma casa menor quando eles se mudassem ou se manteríamos a casa como estava, para que as crianças e suas famílias tivessem um lugar para dormir quando nos visitassem.

Mas o futuro sempre foi vazio. O futuro não está mais vazio agora do que quando eu era casada. Não está menos incerto. Nunca houve garantia de que ficaríamos juntos, meu ex-marido e eu, ou de que qualquer um de nós teria uma vida mais longa. Não havia garantia de que estaríamos em cadeiras de balanço em uma varanda em algum lugar, falando sobre nossos netos.

A diferença entre meu futuro casada e meu futuro sozinha é apenas uma: eu sozinha tenho que reimaginar, repensar – sim, *revisar* – o que pode preenchê-lo. Esta minha vida não é mais um projeto em grupo.

Seja tão complacente consigo quanto com as pessoas que você ama. Não se prenda a algum padrão impossível. Dê uma folga: você é humano e está tentando.

SEMPRE EM FRENTE.

Revise a história que você conta a si mesmo sobre o fracasso. Considere-se um aprendiz no mundo. Aprenda tudo que puder. Ganhe experiência.

SEMPRE EM FRENTE.

A única maneira de evitar a dor é optar por não participar – recusar-se a investir no seu trabalho ou nos relacionamentos, evitar amar qualquer coisa que possa perder. Se você quer estar totalmente envolvido, você está se mostrando para elas – para a alegria e a dor.

SEMPRE EM FRENTE.

Levante a antena e sintonize. Ignore a estática e gire o *dial* para uma frequência mais amena. Chame do que você quiser – consciência, força vital, o universo, a alma, Deus –, mas saiba que está lá. Ouça com atenção. Preste atenção.

SEMPRE EM FRENTE.

A melhor maneira de se preparar para o futuro é estar presente. O melhor indicador da paz futura é a paz no presente. Você pode não saber o que vai acontecer, mas pode se preparar.

SEMPRE EM FRENTE.

Quando alguma coisa doer, em vez de se distrair, em vez de tentar consertar ou encobrir, é só prestar atenção. Foco. Sinta a dor. Acredite que ela vai passar.

SEMPRE EM FRENTE.

Mesmo que você não tenha sido perdoado, perdoe. Mesmo que você não tenha sido tratado com cuidado, trate os outros com cuidado. Mesmo que tenham agido errado com você, comprometa-se a fazer o certo.

SEMPRE EM FRENTE.

Algo inesperado aconteceu – e, francamente, algo que provocou uma mudança de vida – quando meu casamento acabou: percebi que não podia mais ser pessimista. Eu não podia mais permitir que meus piores pensamentos juntassem gravetos e pedaços de fita e fizessem um ninho permanente em minha mente.

Percebi que o pessimismo não iria me tirar da cama, ou fazer o café, ou embalar o lanche das crianças, ou lavar a roupa, ou cumprir meus prazos. O pessimismo não iria ajudar a mim ou a meus filhos. E então, em um momento muito sombrio de minha vida, ocorreu-me que ser otimista a cada momento era um presente que eu poderia dar a mim mesma. Não teria muita importância se tudo o que estivesse esperando não se concretizasse, porque estaria alimentando meu espírito durante esse tempo. Hoje, não estou envenenando o meu presente com preocupação, desespero ou pensamento derrotista.

Hoje me considero uma "pessimista em recuperação". Sei que o otimismo não está em conflito com a sabedoria. É exatamente o contrário. Penso no pessimismo como algo frio, preguiçoso, enquanto a esperança é desesperadamente quente – tem as palmas das mãos suadas e um sorriso sincero no rosto. O que sei que é verdade é que uma pessoa esperançosa fará muito mais coisas do que cem pessimistas. Por quê? Porque a pessoa esperançosa *tentará* fazer.

Pense nas histórias que falam sobre as origens. Imagine que tudo o que você está passando agora é a chave para seus poderes. Coloque sua mente na mudança.

SEMPRE EM FRENTE.

Não negocie pedaços de si apenas para conseguir a aprovação de outros. É um mau negócio. Se alguém quiser impor condições para o amar, entenda de uma vez: isso não é amor. Siga adiante.

SEMPRE EM FRENTE.

Não se limite a algum padrão impossível. A palavra *amador* vem do latim *amare*, que significa "amar". Permita-se ser um iniciante, um amador – alguém que está aprendendo a viver uma nova vida, alguém que a ama por seu potencial.

SEMPRE EM FRENTE.

Ser criativo – criar, fazer do zero – se aplica não apenas ao seu trabalho, mas também à sua vida. Seja criativo em sua vida diária. Pratique as qualidades de uma pessoa criativa: seja observador, inovador, aberto.

SEMPRE EM FRENTE.

Não fique imóvel dentro de sua dor, de seu medo. Dê um passo adiante para tornar algo real e duradouro, algo de que você possa se orgulhar. Talvez esse algo seja você.

SEMPRE EM FRENTE.

Lembra quando você ficaria exultante por ter apenas uma fração de sua vida como ela é agora? Olhe ao seu redor: é o suficiente.

SEMPRE EM FRENTE.

Já escrevi antes que o futuro está vazio, mas poderia dizer isso de outra forma: o futuro está cheio de nada mais que possibilidades.

Novamente, isso é libertador ou doloroso? Reconfortante ou aterrorizante? Os próximos cinco minutos de sua vida podem ser uma coisa ou um milhão de outras. Você pode optar por continuar lendo este livro ou não. (Você ainda está aqui? Espero que ainda esteja.) Pode tomar chá ou dar um passeio. Pode dizer a alguém que a ama ou pode contar a alguém que tudo acabou. Você pode colocar sua casa à venda. Ou ainda, pode voltar a estudar ou começar a procurar um novo emprego. Também pode decidir amar o emprego que tem, a pessoa que dorme ao seu lado, a pessoa que você vê no espelho.

O futuro está vazio: como vai preenchê-lo?

Que tipo de pensamentos se aninham em você?

Apesar da dor e da incerteza, apesar do trauma e da perda – tanto a coletiva quanto a pessoal –, eu carrego a esperança comigo. E espero que você faça o mesmo. Espero que você esteja seguindo adiante, recusando-se a voltar ao passado atravancado. Sim, o passado está lotado, um tesouro de coisas acumuladas, e algumas delas nos trazem conforto, porque são familiares. Mas não podemos voltar. Até meus filhos sabem disso – quando você faz seis anos, não pode fazer cinco novamente.

A professora da terceira série da minha filha, a sra. Allen, falou muito sobre o que ela chamou de "o poder do *ainda*". Ela dizia às crianças: "Vocês não aprenderam isso...

ainda". Ou: "Você não sabe como fazer isso... ainda". Eu penso sobre isso agora, enquanto crio uma nova vida para mim. Não me sinto em casa nesta vida... *ainda*. Não estou curada da dor do divórcio... *ainda*. Mas viver é um ato de esperança em si mesmo. É uma escolha que fazemos diariamente: *ser*. Para continuar sendo.

Estou na aprendizagem de ter esperança e aprendendo o máximo que puder. Estou abrindo espaço em minha mente para os bons pensamentos, para que eles possam se aninhar e cantar.

AGRADECIMENTOS

O brigada a Julia Cheiffetz, da One Signal Publishers, e a Joy Tutela, da David Black Literary Agency, por acreditarem neste livro desde o começo. Vocês são poderosos e seres humanos maravilhosos.

Gratidão a Kelly Sundberg, Annie McGreevy e Victoria Chang, cujo feedback sobre este projeto foi fundamental.

Tyler Meier e Patri Hadad, da University of Arizona Poetry Center, e Sandy Coomer, da Rockvale Writers' Colony, que forneceram generosamente o tempo e o espaço nos quais partes deste livro se juntaram. Obrigada.

Muito obrigada à família e aos amigos que me apoiaram durante esse período difícil: especialmente Nita Smith, Steve Smith, Katie Riley, Carly Debnam, Lisa Rovner, Jennifer Riley, Ann Townsend, Kelly Sundberg e Amy Butcher.

"Futuro" de *Good Bones*, publicado pela Tupelo Press, copyright © 2017 de Maggie Smith. Usado com permissão.

Uma parte de "Emenda de ouro" foi adaptada de meu ensaio "Here Comes the Sun", publicado originalmente em *Mothering Through the Darkness: Women Open Up About Postpartum Experience* (She Writes Press, 2015).

"Aninhados" foi adaptado de uma carta que escrevi para a série por assinaturas da *The Rumpus*, "Letters in the Mail".

"Depois do fogo" faz referência à pesquisa de Lawrence G. Calhoun e Richard Tedeschi (Grupo de Pesquisa de Crescimento Pós-Traumático, Departamento de Psicologia, UNC Charlotte, https://ptgi.uncc.edu/ptg-research-group/), e a um artigo de Jean Rhodes e Mary Waters ("Você ouviu falar de estresse pós-traumático, mas e sobre crescimento pós-

-traumático?", *Scientific American*, 24 de setembro de 2018, https://blogs.scientificamerican.com/observations/youve-heard-of-post-traumatic-stress-but-what-about-post--traumatic-growth/).

Este livro foi publicado em julho de 2021,
pela Editora Nacional, impresso pela Gráfica Exklusiva.